MINISTÈRE DE L'INTÉRIEUR

(*Extrait de la* REVUE GÉNÉRALE D'ADMINISTRATION)

LES

EMPRUNTS MUNICIPAUX

EN FRANCE

ET EN ANGLETERRE

PAR

Louis PUIBARAUD

RÉDACTEUR AU MINISTÈRE DE L'INTÉRIEUR

PARIS

BERGER-LEVRAULT ET Cie, LIBRAIRES-ÉDITEURS

5, RUE DES BEAUX-ARTS, 5

MÊME MAISON A NANCY

—

1879

LES
EMPRUNTS MUNICIPAUX

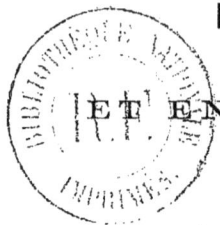

EN FRANCE
ET EN ANGLETERRE

PAR

Louis PUIBARAUD

RÉDACTEUR AU MINISTÈRE DE L'INTÉRIEUR

———※———

PARIS

BERGER-LEVRAULT ET Cie, LIBRAIRES-ÉDITEURS

5, RUE DES BEAUX-ARTS, 5

MÊME MAISON A NANCY

—

1879

LES

EMPRUNTS MUNICIPAUX

EN FRANCE ET EN ANGLETERRE

Frédéric Bastiat a dit quelque part, sous une de ces formes para-
doxales de langage qui donnent chez lui tant de saveur au bon sens :
« La richesse d'un pays se mesure au chiffre de ses dettes et plus il est
« riche, plus il doit emprunter. » Ce conseil, que les simples particuliers
ne pourraient suivre sans danger, les gouvernements l'ont mis en pra-
tique et ils en ont même facilité l'application aux individualités administratives dont ils ont la tutelle : en France, aux départements et aux
communes, en Angleterre, aux institutions locales dont nous définirons
tout à l'heure le caractère et l'utilité. C'est qu'en effet la fortune de
ces communautés n'est point soumise aux vicissitudes des fortunes
privées. Leurs sources de revenus sont constantes, perpétuellement
alimentées, et elles rendent avec usure les dépenses faites pour les en-
tretenir et les accroître. Le patrimoine départemental ou communal,
dans tous les pays et sous quelque nom qu'on le désigne, ressemble à
ces terres cultivées par une main active et généreuse, qui, largement
engraissées, tournées et retournées, drainées et assainies, souvent à
grands frais, centuplent leurs produits et restituent d'elles-mêmes le
capital qu'on leur a confié.

Avoir des fonds à sa disposition et pouvoir attendre, avoir en un
mot du *crédit et du temps*, de la confiance et de la patience, telles sont
les conditions indispensables pour qu'une telle manière de procéder
soit permise et soit féconde.

L'État, et dans l'État, le département et la commune, ou pour parler plus généralement encore, tous les établissements publics qui participent à la vie de l'État, remplissent ces conditions. Ils offrent ces garanties de permanence dans les revenus et de calme dans l'attente du résultat cherché. Les emprunts ne sont donc pas pour eux, au même titre que pour les particuliers, des expédients funestes, des opérations aléatoires, laissant devant elles l'incertitude et derrière elles la gêne. Voilà pourquoi les gouvernements intelligents et progressifs, prudents et prévoyants en même temps, doivent les encourager.

Depuis près de trente années, la France est entrée dans cette voie avec une sage hardiesse. L'Angleterre l'y avait précédée. Nos voisins d'outre-Manche sont encore nos maîtres sous ce rapport. Leurs mœurs politiques sont plus calmes que les nôtres et plus dégagées de l'influence gouvernementale. L'initiative privée est plus vive chez eux et elle sait en même temps s'accommoder aux lenteurs nécessaires des choses. C'est ce que nous allons essayer de montrer dans une étude comparative des institutions administratives de crédit en Angleterre et en France. Nous indiquerons dans chacun de ces pays la nature de ces institutions, leur caractère, leur rôle dans le développement du patrimoine public, les résultats obtenus pendant les dernières années. Nous essayerons de faire ressortir les avantages respectifs des deux systèmes et de signaler ce que la France pourrait, selon nous, emprunter à l'expérience de la nation anglaise, sa devancière dans cette voie de sage progrès.

I.

En France l'unité administrative, la monade administrative, pourrions-nous dire, est la commune. Elle est à la fois une division territoriale et un centre d'intérêts locaux. Mais ces intérêts locaux ne sont pas isolés. Leur vie n'est pas distincte, ils se meuvent, se développent et s'alimentent dans la vie communale elle-même. Un seul conseil les régit, les surveille : le conseil municipal. Qu'il s'agisse d'une école à construire, d'un cimetière à créer, d'égouts à établir, c'est au nom de la commune et pour son compte que ces travaux s'exécutent. *Diversité d'intérêts et unité de gestion*, tel est le caractère de la commune française.

En Angleterre, il n'en est pas ainsi. La vie locale est ramifiée. Chacune des branches, au lieu de se rattacher au tronc commun et de s'alimenter à ses dépens, se développe aux dépens de sa sève propre.

La monade administrative est un intérêt ou mieux un besoin public : chacun de ces intérêts, chacun de ces besoins publics étant remis aux soins d'une autorité indépendante, jouissant d'une initiative propre. De là des conseils qui, sous le nom générique d'*Institutions locales*, s'occupent isolément de tout un ordre d'intérêts. En Angleterre donc, *diversité d'intérêts* et *diversité de gestions*. Ces conseils, pour nous servir d'une expression que nous empruntons à un discours de M. Gladstone, « centralisent des intérêts décentralisés ». La commune, à prendre ce mot au sens purement administratif français, n'existe donc pas dans la Grande-Bretagne.

Ces conseils ou commissions *ont la faculté d'emprunter*. Voici les principales de ces autorités :

> *Les autorités sanitaires,*
> *Les commissions des égouts,*
> *Les tuteurs des pauvres,*
> *Les autorités des ports,*
> *Les conseils de grande vicinalité,*
> *Les commissions des sépultures,*
> *Les conseils scolaires.*

Enfin, citons à part *les corporations municipales* proprement dites, commissions qui se rapprochent de nos conseils municipaux et qui ont pour objet principal de s'occuper des besoins pressants, ou de ceux qui ne rentrent pas dans les catégories d'intérêts mises aux mains des autres commissions. Ajoutons, et ceci a une certaine importance, que ces corporations municipales peuvent, dans certaines limites, empiéter sur les attributions des autres commissions et emprunter pour divers travaux dont l'exécution aurait pu être confiée aux conseils spéciaux précités.

Chacune de ces autorités, avons-nous dit, a la faculté d'emprunter. Nous verrons plus loin à quels établissements elles empruntent, sous quelles garanties et avec quelles justifications. Mais auparavant indiquons brièvement à quels objets ces emprunts peuvent être appliqués.

Les dénominations de ces commissions suffisent à montrer que le champ de leur activité est fort étendu. Il embrasse, à proprement parler, tous les besoins publics. C'est ainsi que ces emprunts concernent :

1° Les constructions d'édifices publics, tels que postes de police, prisons, asiles, maisons de correction, écoles, marchés couverts, bains et lavoirs publics, maisons de travail pour les pauvres, bibliothèques publiques, musées et hôpitaux;

2° Achats de terrains destinés soit aux constructions ci-dessus énumérées, soit à la création de rues nouvelles ou à l'embellissement de rues anciennes, soit à l'établissement de cimetières, marchés, promenades publiques et autres lieux de récréation, soit à l'assainissement des quartiers populeux;

3° Travaux d'utilité publique, tels que : conduites d'eau, usines à gaz, ponts, ports, jetées, égouts, pavages, défenses pour les rivières et ports, drainage;

4° Toutes autres entreprises dont le détail serait impossible à donner, mais dont le législateur a cru devoir assurer l'exécution par des emprunts spéciaux plutôt qu'au moyen des ressources et revenus ordinaires.

Ce sont ces entreprises que les corporations municipales se réservent ordinairement de faire exécuter, attendu qu'elles ne rentrent pas dans le domaine des commissions spéciales.

Pour montrer l'importance de ces travaux et l'activité avec laquelle ils sont entrepris, il nous suffira de dire que les emprunts de ce genre actuellement en cours dans toute l'Angleterre dépassent CENT MILLIONS DE LIVRES STERLING (DEUX MILLIARDS ET DEMI).

II.

Comment sont autorisés ces emprunts? Ils sont autorisés soit par des lois générales applicables à toutes les Institutions locales du royaume, soit par des lois spéciales concernant les Institutions locales de telle ou telle ville. Il doit être fait une place à part à la ville de Londres dans cette étude.

EMPRUNTS AUTORISÉS PAR DES LOIS GÉNÉRALES.

Les Institutions locales auxquelles des lois générales ont accordé la faculté de contracter des emprunts ne peuvent ordinairement en user qu'avec l'autorisation de l'une des administrations centrales (trésorerie, secrétairerie d'État, conseil supérieur du commerce). Ces administrations, avant de délivrer l'autorisation demandée, exigent la preuve que l'emprunt projeté rentre bien dans les catégories prévues par la loi, que la dépense à faire est justifiée et qu'elle a donné lieu à une étude préalable des travaux. La loi fixe ordinairement le délai maximum dans lequel les emprunts doivent être remboursés. L'administration centrale compétente peut le réduire. Elle le fait souvent lorsqu'il s'agit de travaux qui pourraient, à raison de leur nature, se détériorer avant l'expiration du délai maximum. La pensée à laquelle obéit l'administration centrale est de ne pas imposer aux générations à venir des dépenses dont elles ne profiteront pas.

Le délai de remboursement de ces emprunts est ordinairement fort long. Il n'est presque jamais inférieur à 20 ans et il atteint 60 ans, notamment pour les travaux dont l'utilité peut être considérée comme indéfinie, par exemple les travaux d'établissement d'égouts, d'hôpitaux, rues, bibliothèques, bains et lavoirs publics, maisons d'école, musées, promenades. Les générations à venir devant jouir de ces améliorations, il est équitable qu'elles en supportent la dépense pour une certaine part.

La lecture du tableau ci-après est intéressante à ces différents égards.

EMPRUNTS AUTORISÉS PAR DES LOIS LOCALES.

Indépendamment des autorisations générales, le Parlement anglais a souvent, par des lois particulières, autorisé, de la part de certaines Institutions locales, d'importants emprunts. Ces votes particuliers ont généralement pour objet des travaux rentrant dans une des catégories spécifiées par les lois générales, mais pour lesquelles une intervention spéciale du législateur a été jugée nécessaire.

L'exercice des pouvoirs conférés par ces lois spéciales est quelquefois soumis au contrôle de l'administration centrale compétente, comme si les travaux se faisaient sous le régime de la législation générale, mais ordinairement, la loi spéciale dispense l'autorité locale de ce contrôle, lorsque les plans et devis ont suffisamment édifié le Parlement sur l'utilité des travaux. Le nombre des lois spéciales de ce genre adoptées à chaque session est considérable et les sommes empruntées de cette façon dépassent de beaucoup les dettes contractées en vertu des lois générales.

Pour l'administration des grandes villes telles que Liverpool, Manchester et Birmingham, c'est presque toujours à des lois spéciales qu'on a recours. Ces lois particulières déterminent ordinairement les délais de remboursement et elles prescrivent aux autorités locales de faire un rapport à l'administration centrale pour lui permettre de contrôler l'exécution des dispositions qu'elles contiennent.

NOM de l'autorité autorisée à emprunter.	OBJET DE L'EMPRUNT.	JURIDICTION dont l'avis favorable est exigé.	PÉRIODE dans laquelle l'emprunt doit être remboursé.
1o Corporations municipales.	Prisons.	Aucune.	30 ans.
	Asiles d'aliénés.	Aucune.	30 ans.
	Écoles industrielles et maisons de correction.	Secrétaire d'État.	30 ans.
	Travaux divers d'intérêt municipal général.	Trésorerie.	Pas de délai légal : l'emprunt se faisant sur hypothèque, le Trésor peut fixer un délai.
2o Autorités sanitaires urbaines.	Magasins pour les matières explosibles.	Idem.	60 ans.
	Travaux d'égouts, conduites d'eau, hôpitaux, embellissements des rues, éclairage, places publiques, marchés, etc., etc.	Conseil de l'administration locale.	60 ans.
	Bains et lavoirs publics.	Idem.	60 ans.
	Bibliothèques publiques, musées et écoles artistiques.	Idem.	60 ans.
3o Autorités sanitaires rurales : par exemple les tuteurs des pauvres.	Travaux d'égouts, conduites d'eau, hôpitaux et tous travaux de salubrité.	Idem.	60 ans.
4o Commission des égouts.	Travaux d'égouts.	Idem.	60 ans.
5o Commission des sépultures.	Cimetières.	Trésorerie.	30 ans.
6o Conseils scolaires.	Maisons d'écoles et locaux affectés aux services de l'enseignement.	Conseil de l'enseignement.	50 ans.

EMPRUNTS DE LA VILLE DE LONDRES.

La ville de Londres comme la ville de Paris est soumise, en diverses matières, à des lois particulières que justifie l'importance des intérêts engagés. C'est le plus souvent par des lois spéciales que sont autorisés les emprunts des autorités de la métropole.

L'administration de la métropole se partage entre les comités paroissiaux et conseils de district des différentes paroisses de la capitale et le conseil métropolitain des travaux publics. Les comités paroissiaux et les conseils de district sont élus chaque année par les contribuables, et le conseil des travaux publics est composé de membres choisis par les comités paroissiaux et les conseils de district.

La compétence du conseil des travaux publics ne s'étend qu'aux matières qui intéressent la capitale tout entière, telles que les grands égouts, les travaux des rues les plus importantes, l'endiguement de la Tamise, le service des pompiers, les règlements de voirie et la police des logements insalubres.

Les fonctions des comités paroissiaux et des commissions de district ont un caractère plus particulièrement local : elles comprennent, par exemple, le nettoyage et l'entretien de la voie publique, le pavage des chaussées, l'arrosage des rues et l'enlèvement des boues.

L'administration de l'assistance publique de la métropole est confiée aux agents des divers cultes et paroisses, aux directeurs des écoles des pauvres et aux directeurs des asiles fondés en exécution d'une loi de 1867 sur les pauvres de la métropole, loi qui affecte des fonds spéciaux à l'établissement d'asiles pour les malades, les aliénés indigents, etc.

Le conseil scolaire de Londres, dont la constitution est identique à celle des conseils scolaires des autres localités, est chargé de pourvoir à l'enseignement primaire.

Chacun de ces conseils est investi du pouvoir de contracter des emprunts, sous des contrôles différents : sous le contrôle du Trésor pour le conseil métropolitain des travaux publics; sous le contrôle du conseil des travaux publics pour les comités paroissiaux et les conseils de district; sous le contrôle du conseil de l'administration locale pour les agents de l'assistance publique et les administrateurs des écoles de.

pauvres et des asiles; sous le contrôle du conseil privé, section de l'enseignement, pour le conseil scolaire de Londres.

Ce système, on le voit, peut se résumer ainsi : grande part d'initiative laissée aux commissions, surveillance et contrôle de l'administration centrale, décentralisation dans l'expression des besoins, centralisation dans les moyens d'y donner satisfaction.

III.

Comment ces emprunts sont-ils réalisés? En Angleterre comme en France les autorités locales qui ont qualité pour contracter des emprunts sont libres de faire appel soit au crédit public, soit au crédit particulier. Mais elles peuvent aussi, dans un grand nombre de cas, emprunter à l'État lui-même, représenté par une institution spéciale.

Cette institution est la *Commission des prêts pour travaux publics*. Elle joue chez nos voisins un rôle analogue à celui de notre Caisse des dépôts et consignations. Il est intéressant de montrer l'origine de cette institution qui a une importance considérable en Angleterre.

C'est de 1817 que date, dans le Royaume-Uni, l'organisation d'un service public destiné à faciliter par des prêts d'argent l'exécution des travaux d'intérêt local. La grande guerre européenne venait alors de finir. L'Angleterre avait combattu Napoléon Ier plus encore avec son argent qu'avec ses hommes. Elle avait soudoyé les armées alliées. Le blocus continental avait fait le vide dans les caisses privées. Il y avait pléthore de produits et disette d'argent.

Le commerce et l'industrie, surchargés de marchandises, ne donnaient plus de travail aux ouvriers. Le Parlement anglais, avec une décision qui fait honneur autant à son bon sens qu'à son patriotisme, avisa immédiatement aux moyens de procurer du travail aux classes laborieuses en faisant, au moyen de bons du Trésor ou du fonds consolidé, des avances à diverses entreprises publiques ou privées. Le crédit ouvert à cet effet était limité à 1,750,000 livres (43,750,000 fr.), dont 1,500,000 livres en bons du Trésor pour la Grande-Bretagne, et 250,000 livres sur le fonds consolidé pour l'Irlande.

Vingt et un commissaires, désignés sous le titre de *Exchequer Loan commissioners*, étaient chargés de faire les prêts en bons du Trésor, moyennant les garanties convenables, et d'assurer à tous égards l'exécution de la loi dans le Royaume-Uni. Une autre commission de quinze membres devait être nommée dans le même but en Irlande par le lord-lieutenant.

Les commissaires devaient recevoir et examiner les demandes de prêts des corps constitués, corporations, syndicats ou particuliers, et ils devaient tenir compte, dans leurs décisions, de l'intérêt des travailleurs, en même temps que de la sûreté du placement. Les garanties réclamées dans chaque cas devaient être exigées d'avance. Quant à la nature de ces garanties, les commissaires avaient toute liberté d'action : c'étaient tantôt des effets et engagements au nom de la Couronne, tantôt des dépôts de fonds publics ou autres valeurs, tantôt l'affectation de surtaxes locales au droit des pauvres. On pouvait également donner en gage des taxes, rentes, péages ou revenus quelconques, et les commissaires étaient maîtres d'exiger en outre l'engagement personnel des emprunteurs ou de les en dispenser, quand les gages fournis leur paraissaient amplement suffisants. Dans tous les cas, les avances devaient être remboursées, à raison d'au moins 5 p. 100 du capital, chaque année, avec intérêts à 5 p. 100 des sommes restant dues (6 p. 100 en Irlande).

L'acte d'emprunt contenait les autorisations nécessaires pour les surtaxes locales à établir quand les taxes existantes ne pouvaient suffire au service de l'amortissement et des intérêts. Une paroisse ne pouvait emprunter qu'avec l'assentiment de la majorité des contribuables. Le chiffre de l'emprunt était limité par la loi selon le produit du droit des pauvres.

D'autres actes du Parlement, modifiant celui dont on vient de lire l'analyse, se sont succédé de 1817 à 1842. Les crédits mis à la disposition des commissaires ont été accrus, leur compétence a été élargie. Ces actes ont étendu aux plus grands travaux d'utilité publique le bénéfice des prêts, notamment aux travaux d'établissement des routes, chemins de fer, ports. Mais l'institution restait fidèle à son caractère primitif : fournir du travail aux pauvres.

Les avances ainsi fournies au moyen de bons du Trésor, de 1817 à 1842, se sont élevées à 7,650,000 livres, soit 191,250,000 fr.

En 1842, des modifications importantes furent introduites dans l'organisation et le fonctionnement de cette institution de crédit. Elle fut remise aux mains des commissaires de l'amortissement de la dette et prit son nom de *Caisse des prêts pour travaux publics*. De plus, on substitua, pour les prêts ultérieurs, aux émissions de bons du Trésor des crédits sur le fonds consolidé. Enfin, un compte spécial fut ouvert à la Banque d'Angleterre pour la caisse des prêts. Ce compte reçut les sommes ordonnancées sur le fonds consolidé et c'étaient les caissiers de la Banque d'Angleterre qui, au vu de certificats signés par trois des commissaires des prêts pour travaux publics, versaient à qui de droit le montant des avances. D'autre part, la Banque ouvrait un compte de recettes qui s'alimentait de tous les remboursements ou intérêts dus par les emprunteurs et la loi attribuait ces rentrées au fonds consolidé.

Cette organisation a été prorogée de cinq ans en cinq ans jusqu'en 1866, et, à cette époque, il a été déclaré qu'elle continuerait à être en vigueur jusqu'à décision contraire. Le montant des prêts annuellement autorisés a d'ailleurs été doublé pour les trois années commençant au 30 juin 1867. A diverses reprises, certaines sommes ont été détachées de la caisse des prêts pour être remises aux commissaires des travaux publics d'Irlande. Une loi spéciale a ouvert sur le fonds consolidé une disponibilité de 620,000 livres, et a autorisé les commissaires à consentir des avances en faveur des travaux de construction des chemins de fer irlandais.

Indépendamment des pouvoirs généraux conférés par les lois ci-dessus à la commission des prêts, celle-ci a été autorisée à faire des avances sur les fonds mis à sa disposition par beaucoup de lois particulières dont voici les principales, avec indication des objets auxquels les sommes peuvent s'appliquer dans chaque cas :

Lois modificatives de la loi sur l'assistance publique ;
Loi sur les asiles d'aliénés de comtés et de bourgs ;
Lois relatives à la salubrité publique et à l'administration locale (drainage, conduites d'eau, etc., etc.) ;
Lois sur la marine (phares) ;
Lois sur les sépultures (cimetières) ;
Loi sur les bains et lavoirs publics ;
Loi sur les bibliothèques publiques et musées ;
Lois sur les associations de bienfaisance ;
Loi sur l'utilisation des eaux d'égout ;
Loi sur les maisons d'ouvriers de 1868.

Les lois de 1870 à 1873 sur l'instruction primaire réservaient à la commission des prêts une nouvelle et considérable extension de sa clientèle. On sait qu'en Angleterre, l'État, jusqu'en 1833, s'était complétement désintéressé de l'enseignement, laissant à l'initiative privée le soin d'y pourvoir. En 1833, le gouvernement anglais avait commencé à subventionner, pour la construction des écoles, les autorités locales qui se mettaient en mesure de payer la moitié de la dépense. Puis, en 1839, un ordre du conseil privé avait constitué un *Conseil de l'enseignement,* dont le budget, fixé d'abord à 30,000 livres, s'était rapidement élevé et atteignait, en 1869, 820,827 livres (vingt millions et demi). La différence de ces deux chiffres donne la mesure des progrès de l'intervention gouvernementale en matière scolaire; mais l'État continuait à n'intervenir que comme bailleur de fonds, pour favoriser le développement des établissements fondés par les sociétés privées. Il ne prenait en aucun cas l'initiative.

La loi du 9 août 1870, puis celles de 1872, de 1873 et de 1876, ont inauguré pour l'Angleterre et le pays de Galles d'abord, ensuite pour l'Écosse, une ère toute nouvelle. Multiplier les écoles dans tout le royaume, en faisant de l'instruction primaire un service public personnifié, pour chaque district, par un conseil scolaire électif, puis autoriser ces conseils à décréter individuellement l'instruction obligatoire dans leurs districts, c'est-à-dire punir d'une amende les parents négligents: tel avait été l'objet de la loi de 1870. Pour faciliter la prompte réalisation des réformes qu'elle préparait, il était dit que les conseils scolaires pourraient, sur l'avis favorable du conseil de l'enseignement, obtenir de la commission des prêts toutes les avances qui leur seraient nécessaires, et le taux des emprunts de cette nature était réduit, par faveur spéciale, à 3 1/2 p. 100. La loi de 1872 a étendu aux écoles écossaises les mêmes facilités d'emprunt et la même réduction de taux.

En ouvrant ainsi, à un taux exceptionnellement bas, un crédit illimité aux administrations scolaires dans un moment où l'opinion publique commençait à poursuivre, avec une sorte de passion, en Angleterre comme en France, le développement rapide de l'instruction primaire, on devait s'attendre à voir les demandes d'avances se multiplier subitement dans des proportions considérables, et en effet, en 1875-1876, sur un chiffre total de prêts de trois millions et demi de livres sterling, les prêts scolaires ont dépassé 1,700,000 livres pour l'Angleterre et le pays de Galles et 665,000 livres pour l'Écosse. En 1876-1877, sur un total de 3,280,000 livres, les prêts scolaires ne sont plus pour l'Écosse que de 310,000 livres, mais dans le Royaume-Uni, ils montent à 1,870,000 livres.

De pareils appels de fonds, sans avis préalable, étaient de nature à troubler singulièrement les combinaisons de la trésorerie. D'autre part, la comptabilité des opérations de la commission des prêts était devenue très-compliquée, sinon très-obscure. Enfin, on pouvait se demander si, en donnant aux emprunteurs de pareilles facilités, on n'engageait pas les finances publiques et locales dans une voie dangereuse. Il semblait donc nécessaire de fortifier le contrôle exercé par la commission des prêts et de garantir plus sûrement l'exact remboursement des avances.

Les bills qui, amendés par la Chambre des communes, sont devenus les deux lois parallèles du 13 août 1875, donnent satisfaction à ces divers intérêts.

Celle de ces deux lois qui règle les garanties à fournir par les emprunteurs contient un grand nombre de dispositions de détail dont nous avons déjà signalé les points essentiels en indiquant l'origine et le fonctionnement de la commission des prêts.

L'autre loi, qui comprend 75 articles, se divise en cinq parties intitulées : commission des prêts pour travaux publics; — objet, conditions et durée des prêts; — voies et moyens; — recouvrement des avances, etc.; — dispositions diverses et mesures provisoires. Les articles relatifs au recouvrement des avances énumèrent minutieusement les garanties que la commission des prêts doit exiger et règle la procédure à suivre contre les emprunteurs qui manqueraient à leurs engagements. Les dispositions diverses stipulées par le législateur se retrouvent en grande partie dans le règlement de la commission. Restent les trois premières parties de la loi.

Le premier titre substitue à l'ancienne commission une commission nouvelle, dont les membres, élus primitivement par le Parlement, pourvoient ensuite eux-mêmes aux vacances résultant de décès, démission, etc. Les fonctions de ces commissaires sont gratuites. Ils sont assistés d'un secrétaire, dont la signature fait foi, d'un avocat, d'un ingénieur, d'un inspecteur et de tout un personnel d'employés dont les commissaires fixent eux-mêmes, sous le contrôle de la trésorerie, le nombre et les émoluments, payés sur les fonds budgétaires.

Le titre II confirme les prescriptions antérieures relativement aux prêts que la commission est autorisée à consentir. « Les commissaires, dit l'article 9, pour apprécier s'il y a lieu de faire tel ou tel prêt, examineront si les garanties offertes sont suffisantes, s'il y a bien une loi autorisant spécialement l'emprunt dont il s'agit, et si le travail pour lequel le prêt est demandé a bien un caractère d'utilité publique propre à justifier l'intervention de l'État, étant données les ressources mises à leur disposition par le Parlement. » L'intérêt doit être d'au moins 5 p. 100, sauf disposition contraire de la loi en exécution de laquelle le prêt se fait. La durée de l'emprunt ne doit pas dépasser vingt ans, sauf encore disposition contraire de la loi. Le premier remboursement partiel ne doit jamais être ajourné à plus de cinq ans après le versement des fonds avancés.

IV.

Arrivons aux voies et moyens.

Pour éviter l'incertitude où le Trésor restait autrefois, quant à l'importance des sommes qu'exigerait le service des prêts, l'article 13 décide que les demandes de prêts nouveaux ou de versements sur les prêts antérieurement consentis, applicables à un exercice déterminé, devront être adressées aux commissaires avant le 31 décembre précédent. Les commissaires font le relevé de ces demandes et le communiquent, avec leurs observations, à la Trésorerie, qui peut ainsi donner à la Chambre des communes une évaluation des crédits à ouvrir pour le service des prêts. Au vu de cette évaluation, le Parlement fixe la somme que les commissaires pourront, dans l'année, ou si la loi le dit, dans une période plus étendue, consacrer à de nouveaux prêts.

Mais comment le Trésor se procure-t-il l'argent nécessaire pour verser le montant des prêts accordés par la commission, dans les limites fixées par le Parlement?

Il trouve d'abord à sa disposition, dans le fonds consolidé, les remboursements et intérêts provenant de prêts antérieurs.

Mais si ces rentrées sont insuffisantes pour faire face aux prêts nouveaux, la trésorerie emprunte elle-même au public, jusqu'à concurrence de cette insuffisance, les sommes dont elle a besoin (art. 15 de la loi). Cet emprunt s'effectue, soit par la création d'annuités perpétuelles 3 p. 100 ou d'annuités à terme de trente ans au plus, soit par l'émission de bons du Trésor (à 5 p. 100 au plus), et il a pour garantie le fonds consolidé, en raison de l'affectation spéciale qui résulte à cet effet de la loi. Comme, d'autre part, tout remboursement, paiement d'intérêts ou autre versement relatif aux prêts consentis par la commission est versé au compte du Trésor et porté à l'actif du fonds consolidé, on voit que l'État, qui emprunte d'une main et prête de l'autre, n'engage, en somme, la dotation de sa dette que jusqu'à concurrence de la perte qui résulterait de la différence entre l'intérêt qu'il paye au public et l'intérêt qu'il reçoit des autorités locales. Il se peut même qu'il n'y ait de ce chef aucune perte. Mais, même dans ce cas, l'État rend aux emprunteurs locaux un grand service en les faisant bénéficier de son crédit, naturellement supérieur au leur. Les sommes ordonnancées par la Trésorerie pour le service des prêts sont mises au nom des commissaires de la dette publique, qui en sont comptables; mais les commissaires des prêts en disposent librement pour les besoins du service.

Telle est l'économie générale de la loi du 13 août 1875.

Cette loi de 1875 a donné une impulsion nouvelle aux travaux d'utilité publique en régularisant le fonctionnement de la commission des prêts. Aussi les emprunts sont-ils devenus plus fréquents et plus importants. C'est ce dont il est aisé de se convaincre par quelques chiffres tirés des statistiques officielles. Les sommes prêtées par la commission des prêts depuis 1817 jusqu'au 31 mars 1875 — c'est-à-dire pendant une période de 58 années — se sont élevées à 24,151,653 livres sterling (603,791,325 fr.), soit un peu plus d'un demi-million de livres sterling par an.

Au contraire, depuis la loi de 1875, les prêts annuels ont toujours dépassé trois millions de livres sterling et ils ont augmenté d'une année à l'autre dans une proportion considérable, plus d'un tiers. Un simple coup d'œil jeté sur le tableau suivant le démontre péremptoirement. Il donne la comparaison des prêts consentis dans les deux années financières 1876-1877 et 1877-1878.

Ainsi, pendant l'année 1877-1878, les prêts ont dépassé de 1,107,080 livres sterling ceux de l'année précédente.

On remarquera que la salubrité publique réclame tous les ans des avances de plus en plus considérables. Les sommes prêtées pour cet objet, sur l'avis du conseil de l'administration locale, montaient, en 1875-1876, à 737,173 livres sterling; elles ont atteint 811,062 livres sterling en 1876-1877, et 981,867 livres sterling en 1877-1878.

Les logements d'ouvriers ont appelé principalement l'attention des autorités sanitaires. C'est ainsi qu'il a été avancé, pour l'amélioration de ces logements, un million de livres sterling à Birmingham; 50,000 livres sterling à Liverpool; et 25,000 livres sterling à Wolverhampton.

Ces dépenses considérables montrent l'intérêt que l'on attache, dans ces centres manufacturiers, à placer l'ouvrier dans de bonnes conditions hygiéniques.

	1876-1877.	1877-1878.
Instruction primaire (lois de 1870-1873).	1,869,600[1]	1,706,357[1]
Enseignement en Écosse (loi de 1872).	310,105	300,812
Salubrité publique (loi de 1875). Prêts consentis sur avis favorable du conseil de l'administration locale	811,062	981,867
Amélioration des logements d'ouvriers (loi de 1875).	»	1,075,000
Salubrité publique (loi de 1875). Prêts consentis sans avis favorable du conseil de l'administration locale	29,393	4,512
Comités paroissiaux, commissions de police et autres administrations en Écosse.	156,550	175,071
Commissions des sépultures en Angleterre et dans le pays de Galles.	29,750	19,350
Lois modificatives de la loi des pauvres	1,000	5,050
Loi de 1866 sur les maisons d'ouvriers	30,000	52,921
Chemins de fer de Portpatrick, de Belfast et du comté de Down	7,900	13,300
Loi de 1861 sur les péages dans les ports. . . .	3,000	38,200
Port de Colombo (loi de 1874)	25,000	»
Autres ports.	6,000	14,000
Ensemble.	3,279,360[1]	4,386,440[1]

V.

Cet exposé du mécanisme des emprunts contractés en Angleterre par les Institutions locales nous permet d'insister de nouveau sur les idées générales et synthétiques par lesquelles nous avons ouvert cette étude.

Tandis qu'en France la commune est le seul centre d'action, tandis que le conseil municipal est le seul organe de la vie locale, en Angleterre, cette action et cette vie locale sont ramifiées. L'inspirateur, c'est l'intérêt public; et chaque intérêt a sa représentation, chaque intérêt vit, se déploie, se développe à sa guise. On peut dire que tout besoin public, dans sa sphère, jouit du *selfgovernment.*

Dans un prochain article, où nous examinerons les diverses sources des emprunts municipaux en France, nous nous demanderons si notre pays ne pourrait pas appliquer, dans une certaine mesure, ce mécanisme si actif. Nous verrons que la caisse des chemins vicinaux et celle des écoles constituent un progrès fait précisément dans cette voie et une sorte d'appropriation des idées anglaises conforme à notre régime administratif centralisé.

Les mœurs municipales en Angleterre, aussi bien qu'en France, semblent, on peut le dire, calquées sur les mœurs domestiques. En Angleterre, la famille est établie sur des bases très-fortes et l'autorité paternelle y est souverainement respectée. Mais, en même temps, les enfants choisissent et suivent leur carrière avec une indépendance pleine de virilité. Chacun va en avant, guidé par ses aptitudes et son intérêt; les uns cherchent la fortune aux Indes, ceux-là en Australie, étendant partout leur activité, augmentant toujours leur patrimoine. C'est la décentralisation du foyer domestique avec l'amour de la vieille patrie pour lien.

En France, nous ne nous dispersons guère et l'ambition de l'enfant est de s'écarter le moins possible du foyer. C'est la centralisation. La commune est la famille administrative dans sa première expression. Les intérêts et les besoins s'y groupent sous une même tutelle. Mais leur développement, qui est le développement même de la vie municipale, peut en souffrir et nous verrons les efforts qui, depuis vingt ans, ont été tentés pour remédier à cette situation. L'étude des modes d'emprunts français nous permettra d'examiner cette question avec détails.

VI.

Le système des emprunts municipaux en France est trop connu pour qu'il soit nécessaire de l'exposer ici. L'objet de ce travail étant principalement de montrer les différences qui existent entre les modes d'emprunter en Angleterre et en France, nous nous bornerons aux indications indispensables pour faciliter l'intelligence de cette comparaison synthétique.

Signalons tout d'abord la différence fondamentale entre les personnes morales qui empruntent. En France, la personne morale est *une*, *c'est la commune*. Quel que soit le besoin public à satisfaire, l'intérêt à pourvoir, qu'il s'agisse d'un pont à construire, d'un chemin à établir, d'une école à créer, d'une église à bâtir, d'une distribution d'eau à installer, c'est la commune, avec le conseil municipal pour représentant et le maire pour gérant d'affaires officiel, qui emprunte. Elle seule apparaît, elle seule contracte ès-nom, sous le contrôle de l'autorité supérieure. Unité dans l'expression des besoins, unité dans la gestion des intérêts, tel est le caractère de la commune française.

Nous sommes donc en présence de cette situation, à coup sûr digne d'être remarquée, et qui est bien faite pour mettre en relief l'importance des fonctions municipales, qu'une réunion de citoyens dont le nombre est souvent assez faible, se trouve investie du droit et du devoir de veiller à la *totalité* des besoins d'une communauté d'habitants et d'y donner satisfaction. Certes, nous savons que l'autorité supérieure représentée par le pouvoir préfectoral est là, attentive, vigilante, et prête à guider par ses conseils les assemblées municipales. Mais il n'en reste pas moins constant qu'en principe les conseils municipaux ont seuls le *droit d'initiative*. Nos lois ne les contraignent que rarement et par des dispositions d'un caractère limitatif à voter certaines dépenses si indispensables que la vie communale se trouverait arrêtée s'il n'y était pourvu. Qu'on lise la loi du 18 juillet 1837 sur l'organisation municipale et on y trouvera à l'article 30 l'énumération de ces dépenses obligatoires. Elles sont, au total, fort peu nombreuses et elles constituent, si l'on peut ainsi parler, le squelette même de l'organisme municipal. On l'a si bien reconnu que quelques lois spéciales ont dû compléter cette énumération. C'est ainsi que la loi du 1er juin 1878 a rendu obligatoire pour les communes, dans certaines conditions déterminées, la construction des maisons d'école, dépense dont personne ne conteste plus le caractère d'absolue nécessité et qui ne figurait pas dans l'énumération limitative de l'article 30 de la loi du 18 juillet 1837.

Ceci posé, nous devons indiquer à qui et dans quelles formes les communes peuvent emprunter.

Le concours des plus imposés est indispensable dans les communes dont les revenus ordinaires n'atteignent pas 100,000 fr.; pour voter tout emprunt, quelles qu'en soient les conditions, une délibération du conseil (approuvée par le préfet, en cas de désaccord avec le maire) suffit pour les emprunts remboursables sur les revenus ordinaires dans un délai qui ne dépasse pas douze ans, ou sur des contributions extraordinaires établies pour cinq années et n'excédant pas 5 centimes.

Si, au contraire, les emprunts sont remboursables dans le délai de douze ans au moyen de contributions extraordinaires excédant 5 centimes, mais comprises dans la limite (ordinairement de 20 centimes) fixée par le conseil général; ou bien, si, remboursables sur des ressources ordinaires, ils ne doivent être amortis que dans un délai excédant douze années, la seule délibération du conseil municipal ne suffit plus : il faut qu'elle soit en outre revêtue de l'approbation préfectorale.

Enfin, tout emprunt remboursable sur des ressources extraordinaires à une échéance excédant douze années, doit être autorisé par un décret ou par une loi. Lorsqu'il s'agit d'une commune dont le revenu est supérieur à 100,000 fr., le décret doit être rendu en Conseil d'État; lorsque la somme à emprunter dépasse un million ou lorsque cette somme, réunie au montant d'emprunts antérieurs non encore remboursés, dépasse un million, il est toujours statué par une loi.

Ces autorisations obtenues, les communes ont à leur disposition plusieurs moyens de recourir au crédit :

1° Elles peuvent d'abord traiter de gré à gré avec les particuliers, soit par actes notariés, soit par actes sous seings privés. Lorsqu'il s'agit d'emprunts autres que ceux que les conseils municipaux règlent directement pas leurs délibérations, les traités à passer sont soumis à l'approbation préalable du ministre de l'intérieur, si les revenus ordinaires de la commune atteignent 100,000 fr., et du préfet s'ils n'atteignent pas ce chiffre. Il appartient, en effet, à l'autorité supérieure de veiller à ce que les personnes morales habilitées à emprunter se conforment strictement aux termes de l'autorisation qui leur a été accordée et n'acceptent jamais d'obligations de nature à porter atteinte à la bonne gestion des deniers publics.

2° L'emprunt peut être mis en adjudication. Lorsqu'on procède ainsi, le maire dresse d'abord un cahier des charges relatant toutes les conditions imposées à l'adjudicataire et qui, après avoir été adopté par le conseil municipal, est soumis à l'approbation préfectorale. L'adjudication est ensuite annoncée par affiches, un mois à l'avance : elle a lieu au jour indiqué, en séance publique et sur soumissions cachetées. Les soumissionnaires sont quelquefois tenus de fournir un cautionnement préalable; au reste, toutes les formalités auxquelles sont soumises les communes, en matière de marchés, sont applicables dans ce cas.

3° Les communes peuvent aussi recourir à la voie de la souscription publique. Le ministre de l'intérieur ou le préfet, suivant que les revenus ordinaires de la commune atteignent ou non 100,000 fr., approuve, comme dans le cas de traité de gré à gré, avant toute opération, les conditions des souscriptions à ouvrir; lorsque les communes désirent contracter des emprunts avec lots, elles doivent y être spécialement autorisées par le pouvoir législatif. Après ces autorisations préliminaires, elles émettent soit des obligations au porteur, soit des obligations transmissibles par voie d'endossement. Ces titres sont souscrits, au nom des communes, par les receveurs municipaux; ils sont extraits d'un registre à souche et sont passibles d'un droit de timbre de 1 fr. 20 c. p. 100, lequel peut être converti d'ailleurs en un abonnement annuel de 6 centimes par 100 fr. pour toute la durée du prêt.

4° Depuis les lois des 6 juillet 1860 et 26 février 1862, le Crédit foncier de France peut prêter aux communes. Dans ce cas, l'annuité à servir, comprenant l'intérêt, fixé aujourd'hui à 4 ½ p. 100, et l'amortissement s'élèvent, pour un emprunt de quinze ans, à 9 fr. 24 c. p. 100; pour un emprunt de vingt ans, à 7 fr. 64 c. p. 100; pour un emprunt de trente ans, à 6 fr. 10 c. p. 100; enfin pour un emprunt de cinquante ans, à 5 fr. 04 c. p. 100. Les communes ont à supporter, en outre, le coût du transport des fonds qui est effectué par le ministère des finances moyennant une commission de 40 centimes par 1,000 fr.

Les prêts sont consentis sans affectation hypothécaire : ils sont remboursables à long terme par annuités, ainsi que nous venons de le voir, ou bien à court terme, avec ou sans amortissement. En représentation et jusqu'à concurrence de leur montant, le Crédit foncier peut émettre des obligations dites communales. Il se procure ainsi les fonds dont il a besoin.

5° Enfin, l'État lui-même a cru devoir se faire indirectement prêteur au profit des communes qui n'auraient pas toutes un crédit suffisant pour obtenir autrement les ressources dont elles peuvent avoir besoin à un moment donné.

La Caisse des dépôts et consignations consent, en effet, sur ses fonds disponibles, des prêts aux communes qui en font la demande par l'intermédiaire des préfets. L'intérêt de ces prêts varie, d'après la situation générale du crédit. Il est fixé actuellement à 4 ½. La période d'amortissement n'excède pas quinze ans[1]. Les communes souscrivent, avant

---

1. Pendant longtemps le maximum de la durée des prêts consentis par la Caisse des dépôts et consignations a été de douze années. Il vient d'être porté à quinze. (Circulaire du 20 juin 1879.)

tout versement, soit des obligations comprenant les remboursements partiels et les coupons semestriels d'intérêts, soit des annuités égales entre elles et comprenant à la fois l'intérêt et l'amortissement.

Ces prêts n'entraînent pas d'autres frais que ceux de timbre et les mouvements de fonds auxquels ils donnent lieu se font gratuitement par l'entremise des trésoriers-payeurs généraux.

D'autre part, une caisse spéciale dite *Caisse des chemins vicinaux*, annexée à la Caisse des dépôts et consignations, mais ne se confondant pas avec elle, a été créée par la loi du 11 juillet 1868, en vue de faire aux communes, sous la garantie de l'État, les avances nécessaires à l'achèvement des chemins vicinaux ordinaires. Ces avances sont réparties chaque année par décret rendu en Conseil d'État.

Il est pourvu aux dépenses de la caisse des chemins vicinaux au moyen des fonds disponibles déposés par les communes au Trésor et des autres ressources de la dette flottante. Les communes se libèrent des avances qui leur sont faites de cette façon par le paiement de trente annuités égales, représentant chacune 4 p. 100 de la somme avancée et comprenant à la fois l'intérêt et l'amortissement du capital.

Une institution analogue a été créée par la loi du 1er juin 1878 pour la construction des écoles. Cette caisse spéciale, dite *Caisse des écoles*, prête aux communes, au taux de 5 p. 100 amortissement compris, et remboursables en trente ans, les sommes nécessaires pour la fondation de leurs établissements d'instruction primaire.

VII.

Nous venons d'exposer dans ses traits généraux le système des emprunts municipaux français. Mais ce tableau une fois présenté, nous devons, comme nous l'avons fait pour la *Caisse des prêts pour travaux publics* en Angleterre, insister particulièrement sur le Crédit foncier et sur la Caisse des dépôts et consignations avec ses annexes : la caisse des chemins vicinaux et la caisse des écoles. Ce sont là, en effet, des institutions ayant un caractère bien tranché et qui ont une importance capitale dans notre pays.

Examinons donc tour à tour le système de prêt de chacun de ces établissements en commençant par le Crédit foncier.

C'est dans une loi transitoire, la loi du 10 juin 1853, qu'il faut aller chercher l'origine de cette faculté accordée aux communes d'emprunter à des établissements de crédit. L'article 1er de cette loi est ainsi conçu :

« *Pendant l'intervalle de la session de 1853 à celle de 1854*, des décrets rendus dans la forme des règlements d'administration publique pourront autoriser, sur leur demande, les départements ainsi que les communes *dont les revenus excèdent* 100,000 fr., à convertir leurs dettes *actuelles* et à les éteindre au moyen d'emprunts remboursables à longue échéance.

« Le remboursement s'effectuera par des annuités dont le terme ne pourra excéder *cinquante* années, et qui comprendront l'intérêt et l'amortissement du capital. »

Aux termes de l'article 2, les décrets d'autorisation devaient pourvoir aux moyens nécessaires pour assurer le paiement des annuités.

Ainsi, pour la première fois, une année après la fondation du Crédit foncier, le principe de l'application aux dettes départementales et communales du mode de libération par annuités était inscrit dans la législation.

Mais cet avantage, timidement offert, pour quelques mois seulement, aux grandes cités, pour leurs dettes *antérieures*, demeura sans effet. Le germe déposé dans la loi ne devait se développer que plus tard.

C'est en 1860 seulement que le crédit communal et départemental a été réellement fondé. La loi du 6 juillet de cette année charge le Crédit foncier de France d'organiser ce grand service public.

Voici les dispositions principales de cette loi :

« *Art.* 1er. — La Société du Crédit foncier est autorisée à prêter dans les conditions ci-après, aux communes, aux départements et aux associations syndicales, les sommes qu'ils auraient obtenu la faculté d'emprunter.

« *Art.* 2. — Les prêts sont consentis avec ou sans affectations hypothécaires, et remboursables, soit à long terme par annuités, soit à court terme avec ou sans amortissement.

« *Art.* 3. — Ils sont réalisables en numéraire.

« *Art.* 4. — La commission allouée au Crédit foncier, pour frais d'administration, ne peut excéder 45 centimes pour 100 fr. par an.

« *Art.* 5. — En représentation des prêts et jusqu'à concurrence de leur montant, le Crédit foncier est autorisé à créer et à négocier des obligations, en se conformant aux règles établies au titre V de ses statuts.

« Ces obligations jouiront de tous les droits et priviléges attachés aux obligations foncières ou lettres de gage par les lois et décrets concernant le Crédit foncier.

« *Art.* 6. — Les créances provenant des prêts aux communes, aux départements et aux associations syndicales, sont affectées, par privilége, au paiement des obligations créées en vertu de la présente loi.

« Les créances provenant du prêt hypothécaire demeurent affectées, par privilége, au paiement des obligations créées en représentation de ces prêts. »

Les autres dispositions, formant les articles 7, 8 et 9, sont d'un intérêt moins important pour l'objet qui nous occupe.

En lisant cette loi, on aperçoit tout de suite les différences qui distinguent le système de crédit adopté pour les départements, les communes et les associations syndicales, de celui pratiqué par le Crédit foncier vis-à-vis des autres emprunteurs.

Les deux principales différences sont :

L'obligation pour le Crédit foncier de prêter en numéraire (art. 2);

La facilité qui lui est laissée de prêter sans affectation hypothécaire (art. 3).

Le *prêt en numéraire* était commandé par les règles administratives concernant les emprunts des départements et des communes. Il est de principe, en effet, que les lois ou décrets qui les autorisent à emprunter doivent déterminer le taux d'intérêt auquel l'emprunt pourra être contracté. Or, si le Crédit foncier leur eût prêté en obligations, comme il le fait à ses autres emprunteurs, ce taux d'intérêt n'aurait jamais pu être déterminé à l'avance, puisqu'il aurait dépendu du prix de négociation des obligations, variable selon le cours du marché.

Mais, ce qui caractérise plus particulièrement l'espèce de prêts autorisée par la loi du 6 juillet 1860, c'est la faculté, pour le Crédit foncier, de prêter *sans affectation hypothécaire* (art. 2).

On s'est demandé si l'absence d'une hypothèque, jointe aux entraves que la législation apporte aux voies d'exécution contre les départements et les communes, n'était pas de nature à diminuer la sécurité du Crédit foncier, et quelle garantie il aurait contre cette nouvelle catégorie d'emprunteurs pour le recouvrement de ses annuités. Le

législateur a pensé avec raison que la nécessité de l'autorisation administrative, qui n'est accordée que sur la justification des voies et
moyens suffisants pour assurer le paiement des annuités, constituait
une garantie aussi solide que celle qui est assise sur un gage immo-
bilier. « Le gage hypothécaire, par suite de détérioration ou de dépré-
« ciation, peut faillir quelquefois; il est sans exemple que les grandes
« communautés aient failli. D'ailleurs le Crédit foncier aura, comme
« tous les prêteurs, le choix de ses obligés. Il les choisira librement et
« les choisira bien. L'intérêt rend clairvoyant[1]. »

En face de semblables débiteurs, il eût été possible assurément,
sans inconvénient pour les porteurs des obligations attachées aux
prêts hypothécaires, d'affecter des obligations de même nature à la
réalisation des prêts communaux et départementaux. Néanmoins, pour
éviter même l'apparence de manquer aux conventions faites avec les
porteurs de lettres de gage, l'administration du Crédit foncier a
proposé elle-même la création d'obligations distinctes pour la nouvelle
catégorie de prêts.

Aussi une disposition expresse de la loi (art. 6) applique-t-elle
exclusivement aux lettres de gage les garanties hypothécaires sous-
crites par les emprunteurs, et aux obligations qui seront créées en
vertu de l'article 5, les garanties spéciales offertes par les départements, les communes et les syndicats. Grâce à cette disposition, chaque titre conserve son caractère et sa valeur propre : il y a deux gages
et en quelque sorte deux caisses dans la Société pour les deux catégories de prêteurs.

En établissant cette distinction par dérogation aux principes généraux
qui régissent les sociétés commerciales, l'administration du Crédit foncier
« a voulu conserver intact le placement hypothécaire pur et simple
« qui est entré si profondément dans les habitudes de la France, et qui,
« jusqu'ici, a été si recherché par les capitaux des départements[2] ».

Les communes ont vite compris les avantages que présentait pour
elles ce mode d'emprunt. Le total des prêts communaux faits en dix-sept
années par le Crédit foncier, depuis la loi du 6 juillet 1860 jusqu'au
31 décembre 1877, s'élève à 884,757,601 fr., soit une moyenne de
5,204,456 fr. par an.

---

1. Rapport présenté au Corps législatif par M. Larrabure sur la loi du 6 juillet 1860.
2. Compte rendu de M. Frémy, gouverneur, à l'assemblée générale du 18 avril 1860.

Sur ce capital le Crédit foncier a recouvré :

Par l'effet de l'amortissement semestriel	77,176,929^f 80^c	
Par suite de remboursements à l'échéance de prêts à court terme. . .	80,661,669 23	374,358,354^f 45^c
Par suite de remboursements anticipés	216,519,755 42	

Différence. . . . . . 510,399,247^f 41^c

dont 291,304,238 fr. 76 c. dus par la ville de Paris, et 1,536,982 fr. 48 c. dus par le département de la Seine.

Dans les prêts de 1877, l'Algérie figure pour 24 prêts communaux représentant 1,786,378 fr. 81 c. On voit que notre colonie est entrée dans cette voie avec une activité qui est d'un bon augure.

En 1878, les emprunts ont été également fort nombreux et ils s'appliquent aux dépenses d'intérêt communal les plus diverses et les mieux entendues.

D'après le tableau de ces emprunts fourni au ministre de l'intérieur par le gouverneur du Crédit foncier, le total des sommes prêtées s'élève à 3,179,597 fr. 81 c. pour les communes de France, et à 1,512,346 fr. 60 c. pour les communes d'Algérie, soit en tout une somme de 4,591,944 fr. 41. c.

Le délai dans lequel ces emprunts sont remboursables varie depuis 12 ans jusqu'à 40. La moyenne est de 20 ans. Le Crédit foncier, prêtant aujourd'hui au même taux que la Caisse des dépôts et consignations, offre en outre aux communes l'avantage d'un délai de remboursement beaucoup plus long.

Pour les communes algériennes, l'intérêt est plus élevé, il atteint 6 ^{1}/$_2$.

Ce taux relativement élevé tient aux conditions économiques dans lesquelles est placée notre colonie. L'argent n'y a pas la même valeur qu'en France et le taux de l'intérêt n'est pas fixé à la limite déterminée pour les placements dans la métropole. On peut prévoir que tôt ou tard le cours des deux marchés monétaires s'unifiera et que cette différence s'effacera. La plus grande partie des emprunts contractés par les communes algériennes s'applique à des travaux d'ensemencements et de constructions d'écoles et de mairies.

La durée des prêts ne dépasse en aucun cas quarante années et ordinairement elle est inférieure à vingt années.

VIII.

On a vu que les emprunts contractés par les institutions locales anglaises embrassent une période qui, dans maintes circonstances, s'étend à soixante années.

Les prêts à long terme comptent dans l'administration française peu de partisans. Ils ont, dit-on, un inconvénient considérable : ils font payer aux communes jusqu'à deux et trois fois le capital emprunté Ainsi un emprunt de cinq millions remboursable en cinquante ans grève une commune d'une dépense de quinze millions environ. Ainsi obérées, les communes voient leurs efforts ultérieurs paralysés, elles ne peuvent plus rien entreprendre et sont obligées de négliger leurs besoins les plus pressants, toutes leurs ressources actuelles se trouvant affectées au paiement des dettes anciennes.

Le régulateur de l'administration, le Conseil d'État, partage cette manière de voir et, sauf de rares exceptions, il n'avait pas admis que le délai de remboursement dépassât trente années. Il vient de franchir cette limite qu'il a consenti à reporter, pour des cas particuliers, à quarante années, mais de grandes villes qui, tout dernièrement, avaient demandé à contracter des emprunts avec un délai de remboursement de cinquante années, ont dû accepter une réduction de cette période avant d'être autorisées à les réaliser.

En principe, nous reconnaissons volontiers que cette doctrine est inspirée par un sage esprit de prévoyance, mais en fait d'administration, il n'est pas toujours bon de se laisser guider par des idées absolues. Chaque espèce demande à être examinée isolément.

Tout d'abord, remarquons qu'une administration prudente et éclairée n'admettra pas qu'une commune contracte un emprunt de quelque importance en vue de dépenses de luxe ou pour faire face à des dépenses se renouvelant chaque année ; mais il en est autrement en ce qui concerne les travaux utiles, qui presque toujours sont en même temps des travaux productifs. L'établissement d'une distribution d'eau, l'installation d'une usine à gaz, la création d'un marché couvert, la construction d'un abattoir, sont des sources de revenus pour une ville. Dès lors, le service de l'amortissement de l'emprunt se trouve allégé d'autant, et il y a même certains établissements — les abattoirs par exemple — qui se paient eux-mêmes par la perception des taxes auxquelles ils donnent lieu. Il n'y a donc aucun inconvénient à allonger le délai de remboursement de l'emprunt ou, pour parler plus justement, de la première mise de fonds.

En second lieu, il importe de considérer qu'il n'est pas juste de faire supporter par une seule génération le paiement de travaux qui serviront à deux, trois, dix générations successives. Ce principe est considéré comme le fondement même des emprunts à long terme en Angleterre. Il est tout aussi logique en France. Pourquoi payer en dix ou quinze ans, avec une sorte de hâte, des constructions qui dureront un siècle et qui profiteront à nos enfants et à nos petits-enfants ?

Si l'on combine les deux principes que nous venons d'exposer : d'une part le rendement des travaux utiles, de l'autre, l'équitable répartition des charges sur tous ceux qui bénéficient du progrès accompli, on arrive à cette conclusion que, dans un certain nombre de cas, les emprunts à long terme sont rationnels et équitables.

En marchant avec circonspection dans cette voie, en procédant avec prudence et après examen minutieux de chaque espèce, nul doute que l'administration supérieure ne parvienne à faire accepter dans certains cas les emprunts à long remboursement ainsi qu'ils existent en Angleterre.

Néanmoins, nous le reconnaissons, les emprunts de cette nature ne sont pas entrés dans les mœurs municipales françaises. Aussi le total des opérations de la Caisse des dépôts et consignations est-il plus élevé que celui du Crédit foncier. Au cours de l'année 1878, le nombre des emprunts s'est élevé à 416 et le total des sommes prêtées à 10,141,738 fr.

IX.

La caisse des chemins vicinaux, instituée par la loi du 11 juillet 1868, est rattachée à la Caisse des dépôts et consignations, qui effectue les prêts. Nous n'avons pas à rappeler ici le mécanisme de cette utile institution à laquelle la direction intelligente et active qui lui a été imprimée au ministère de l'intérieur a su donner en peu de temps une importance et une notoriété considérables. Cette caisse est ouverte aux communes et aux départements, mais seulement pour la construction ou l'achèvement des chemins vicinaux.

De très-grandes facilités ont été données aux communes pour rembourser les emprunts contractés par elles. C'est ainsi qu'elles peuvent y affecter les ressources suivantes :

1° Les ressources ordinaires disponibles, à l'exception toutefois de celles qui, étant créées en vertu des articles 2 et 4 de la loi de 1836, sont réservées en principe pour l'entretien des chemins construits. En effet, d'après la jurisprudence du ministère de l'intérieur, conforme au texte et à l'esprit de la loi de 1836 et consacrée par plusieurs avis du Conseil d'État, ces ressources spéciales ont pour destination essentielle l'entretien des chemins vicinaux ; elles doivent, par suite, rester libres en vue de cette affectation et ne sauraient être engagées à l'avance, même pour un emprunt applicable à la vicinalité ;

2° Les 3 centimes extraordinaires autorisés par l'article 3 de la loi du 24 juillet 1867 ;

3° Les centimes extraordinaires ;

4° Les revenus extraordinaires, tels que coupes extraordinaires de bois, aliénation de rentes sur l'État, etc. ;

5° Les subventions du département ;

6° Enfin, les subventions de l'État.

La caisse des chemins vicinaux a rendu des services considérables aux communes depuis 1868. Au cours de l'année 1878, le nombre des emprunts contractés a été de 20,156, et le montant des sommes consenties s'est élevé à 87,162,000 fr., sur lesquelles les réalisations ont atteint 69,580,200 fr.

X

La caisse des écoles, fondée sur le modèle de la caisse des chemins vicinaux par la loi du 1er juin 1878, ne fonctionne que depuis quelques mois à peine.

Mais les communes ont compris tous les avantages de cette institution et elles y ont recours avec empressement.

Voici, d'après les statistiques officielles, le tableau des départements dont les communes ont eu recours à cette caisse.

Caisse des Écoles.

ÉTAT, par département, des emprunts autorisés et des emprunts à autoriser, d'après les avis du ministre de l'instruction publique parvenus au ministère de l'intérieur jusqu'au 7 juin 1879.

DÉPARTEMENTS.	EMPRUNTS autorisés.		EMPRUNTS à autoriser.		TOTAL des emprunts (col. 3 et 4).	TOTAL des communes (col. 2 et 5).
	Nombre de communes.	Montant des emprunts.	Montant des emprunts.	Nombre de communes.		
1	2	3	4	5	6	7
Ain	3	31,000	217,441	14	248,441	17
Aisne	15	153,499	278,200	15	431,999	30
Allier	8	61,255	115,900	11	177,155	19
Alpes (Basses-). . .	»	»	1,300	1	1,300	1
Alpes (Hautes-). . .	1	40,000	»	»	40,000	1
Alpes-Maritimes. . .	»	»	»	»	»	»
Ardèche	7	35,900	21,100	4	57,000	11
Ardennes	10	218,366	94,100	10	312,466	20
Ariége.	1	800	17,500	4	18,300	5
Aube	3	14,800	47,000	5	61,800	8
Aude	4	60,994	72,700	7	133,694	11
Aveyron.	»	»	6,000	1	6,000	1
Belfort (Territoire de).	»	»	12,000	1	12,000	1
Bouches-du-Rhône. .	»	»	15,800	3	15,800	3
Calvados.	3	43,000	109,600	11	152,600	14
Cantal.	1	5,600	39,000	2	44,600	3
Charente.	5	59,600	103,800	10	163,400	15
Charente-Inférieure .	9	117,979	22,900	2	140,879	11
Cher	7	155,874	65,900	6	221,774	13
Corrèze	8	95,180	288,200	32	383,380	40
Corse	»	»	»	»	»	»
Côte-d'Or	»	»	26,700	2	26,700	2
Côtes-du-Nord . . .	6	56,609	19,500	3	76,109	9
Creuse	2	15,784	40,800	3	56,584	5
Dordogne	24	248,383	153,300	20	401,683	44
Doubs.	»	»	15,500	2	15,500	2
Drôme.	1	6,000	42,000	2	48,000	3
Eure	1	6,000	97,500	9	103,500	10
Eure-et-Loir . . .	30	486,600	2,000	1	488,600	31
Finistère.	2	35,600	12,000	2	47,600	4
Gard	»	»	14,500	2	14,500	2
Garonne (Haute-) . .	2	10,100	34,400	4	44,500	6
Gers	2	9,000	30,500	5	39,500	7
Gironde	11	191,800	122,000	9	313,800	20
Hérault	»	»	87,500	2	87,500	2
Ille-et-Vilaine. . .	1	2,500	»	»	2,500	1
Indre	17	133,682	134,100	20	267,782	37
Indre-et-Loire . . .	2	12,000	196,200	14	208,200	16
Isère	36	542,650	132,000	9	674,650	45
Jura.	»	»	74,300	8	74,300	8
Landes	»	»	25,000	3	25,000	3
Loir-et-Cher	8	95,206	87,350	7	182,556	15

DÉPARTEMENTS.	EMPRUNTS autorisés.		EMPRUNTS à autoriser.		TOTAL des emprunts (col. 3 et 4).	TOTAL des emprunts (col. 2 et 5).
	Nombre de communes.	Montant des emprunts.	Montant des emprunts.	Nombre de communes.		
1	2	3	4	5	6	7
Loire	3	18,300	156,000	5	174,300	8
Loire (Haute-) . . .	»	»	4,000	1	4,000	1
Loire-Inférieure. . .	4	42,400	31,500	6	73,900	10
Loiret.	12	261,782	116,200	8	377,982	20
Lot	7	39,800	16,200	2	56,000	9
Lot-et-Garonne . . .	3	44,000	38,100	5	82,100	8
Lozère.	»	»	30,700	9	30,700	9
Maine-et-Loire . . .	2	18,200	70,400	11	88,600	13
Manche	2	14,097	43,500	6	57,597	8
Marne.	12	158,700	70,300	12	229,000	24
Marne (Haute-) . . .	»	»	»	»	»	»
Mayenne.	5	43,000	6,000	1	49,000	6
Meurthe-et-Moselle .	»	»	90,300	9	90,300	9
Meuse.	2	50,000	50,000	1	100,000	3
Morbihan	1	5,000	78,200	3	83,200	4
Nièvre.	»	»	29,500	2	29,500	2
Nord	42	801,044	597,800	31	1,398,844	73
Oise.	14	122,370	214,670	14	337,040	28
Orne	2	44,200	49,500	8	93,700	10
Pas-de-Calais	53	316,334	384,400	34	700,734	87
Puy-de-Dôme. . . .	2	13,324	110,431	12	123,755	14
Pyrénées (Basses-). .	5	14,990	18,900	7	33,890	12
Pyrénées (Hautes-). .	»	»	500	1	500	1
Pyrénées-Orientales .	7	111,678	67,000	2	178,678	9
Rhône.	5	142,800	85,800	6	228,600	11
Saône (Haute-) . . .	»	»	122,000	5	122,000	5
Saône-et-Loire . . .	»	»	»	»	»	»
Sarthe.	1	1,300	32,000	2	33,300	3
Savoie.	5	40,500	67,400	6	107,900	11
Savoie (Haute-) . . .	17	186,200	37,000	2	223,200	19
Seine-Inférieure. . .	7	76,851	260,100	17	336,951	24
Seine-et-Marne . . .	19	242,100	273,800	16	515,900	35
Seine-et-Oise. . . .	11	210,830	352,600	19	563,430	30
Sèvres (Deux-) . . .	7	130,970	194,200	42	325,170	49
Somme	8	94,400	120,300	15	214,700	23
Tarn	1	14,000	21,000	2	35,000	3
Tarn-et-Garonne. . .	1	3,000	25,500	4	28,500	5
Var.	2	13,800	46,800	3	60,600	5
Vaucluse.	1	41,500	7,800	2	49,300	3
Vendée	»	»	26,100	3	26,100	3
Vienne	7	47,500	27,800	4	75,300	11
Vienne (Haute-). . .	6	79,770	80,300	6	160,070	12
Vosges	»	»	23,000	2	23,000	2
Yonne.	10	183,774	150,200	9	333,974	19
Totaux. . .	516	6,574,275	7,103,392	621	13,677,667	1,137

Ainsi que le démontre la lecture de ce tableau, l'importance des emprunts varie beaucoup. Dans 37 départements, les communes ont demandé des avances s'étendant de 700,000 fr. à 100,000 fr.; dans 16 départements — de 93,700 fr. à 56,000 fr.; dans 18 départements — de 40,300 fr. à 23,000 fr.; dans 10 départements — de 18,300 fr. à 500 fr.

Dans 5 départements seulement, les communes n'avaient pas encore, au 7 juin, demandé à contracter des emprunts à la caisse des écoles; ce sont les départements des Alpes-Maritimes, de la Corse, de la Haute-Marne, de Saône-et-Loire et de la Seine. Mais il convient de mettre à part le département de la Seine qui dispose de ressources et de moyens d'emprunt tout à fait exceptionnels et qui n'a pas besoin de recourir à la caisse des écoles pour donner la plus large extension à ses services scolaires. D'autre part, les départements de la Haute-Marne et de Saône-et-Loire figurent sur la carte de l'instruction publique sous la couleur la plus claire; ils sont abondamment pourvus d'écoles primaires pour les deux sexes. Restent les départements des Alpes-Maritimes et de la Corse, et on peut tenir pour certain qu'ils auront recours sous bref délai à ce mode d'emprunt si avantageux. Les dépenses pour l'instruction publique ne sont plus de celles dont l'utilité est contestée.

XI.

Au cours de l'année 1878, la totalité des emprunts contractés par les communes françaises aux trois grandes institutions de crédit municipal : le Crédit foncier, la Caisse des dépôts et consignations et la Caisse des chemins vicinaux, s'est élevée à 101,955,632 fr.

En Angleterre, la totalité des emprunts réalisés par les institutions locales à la Caisse des prêts pour travaux publics s'est élevée, pendant la même période, à la somme de 4,386,440 livres sterling, soit 109,661,000 fr.

Ces deux chiffres se rapprochent beaucoup, et il semblerait au premier abord que l'importance des opérations de crédit ait été à peu près la même dans les deux pays. Il faut observer cependant que les résultats ci-dessus indiqués ne comprennent pas les emprunts réalisés par souscription publique ou auprès des particuliers. Les grandes villes ont souvent recours aux premiers, et en France les petites communes trouvent souvent des prêteurs parmi leurs propres habitants.

En second lieu pour l'Angleterre, le chiffre de 109,661,000 fr..comprend les emprunts réalisés pendant l'année, tandis que pour la France, le chiffre de 101,955,000 comprend les emprunts contractés. Or, la plupart de ces emprunts ne seront réalisés qu'au fur et à mesure de l'exécution des travaux dans une période de plusieurs années. On peut donc affirmer, sans déterminer exactement la proportion, que les travaux communaux exécutés au moyen d'emprunts sont actuellement beaucoup moins considérables en France qu'en Angleterre.

Certains esprits cependant paraissent disposés à s'effrayer du développement qu'ils tendent à prendre dans notre pays. En voyant les projets de loi d'emprunt encombrer, à certaines époques de l'année, les ordres du jour de la Chambre des députés et du Sénat, on se demande si dans un avenir prochain les communes de France ne se trouveront pas grevées par un passif énorme, hors de proportion avec leurs forces contributives ; et, sans prononcer le mot de faillite, on entrevoit pour elles des embarras financiers inextricables et de lourdes charges pour les générations futures.

Nous croyons que ces appréhensions ne sont pas fondées. On oublie en premier lieu que si les emprunts font un certain bruit lorsqu'on les autorise, ils s'amortissent en silence chaque année, et que l'accroissement de la dette n'est que la différence entre les réalisations et les remboursements.

En 1871, la dette totale des communes de France s'élevait à 711 millions. Pour en faire le relevé exact, il faut exécuter un travail considérable qui ne peut être entrepris chaque année. On le fait en ce moment sur les comptes de gestion de 1876. On connaîtra donc prochainement la progression réalisée pendant cette période de cinq années ; mais on peut affirmer dès à présent que, depuis 1871, les emprunts communaux n'ont été employés qu'à des travaux utiles et féconds et qu'ils n'ont pas porté atteinte aux forces contributives du pays, car l'amortissement en a été assuré pour la plus grande partie au moyen de prélèvements sur les ressources ordinaires des communes. Ce sont ces points qu'il faut surtout considérer. Lorsqu'une ville construit des écoles pour assurer l'enseignement primaire à tous ses enfants, lorsqu'elle assainit et transforme ses vieux quartiers dont les habitants sont périodiquement décimés par la maladie, lorsqu'elle amène des eaux salubres et établit l'éclairage au gaz, lorsque les communes rurales construisent des chemins vicinaux, elles enrichissent leurs habitants et s'enrichissent elles-mêmes. Les impôts augmentent, dit-on, se multiplient sous toutes les formes ; qu'importe, chacun gagne par ces améliorations le double ou le triple de la somme nécessaire pour les acquitter.

Et puis, comment prétendre imposer un frein à cette activité prodigieuse qui en quelques années transforme des villages en centres populeux ? Comment refuser à ces villes naissantes les moyens de vivre et de s'organiser, et comment peuvent-elles y parvenir sans l'emprunt et sans l'emprunt à long terme ?.

Au lieu de s'effrayer de cette activité, de la voir avec chagrin, de chercher à l'entraver, le devoir du Gouvernement et de l'administration n'est-il pas plutôt de l'envisager dans sa réalité et de faciliter aux municipalités intelligentes, prévoyantes, laborieuses, les moyens de satisfaire aux besoins dont elles sont mieux placées qu'aucune autre autorité pour apprécier l'étendue ?

Le roi Henri IV reçut un jour un mémoire exposant les dangers de l'extension que prenait alors la ville de Paris et concluant à ce qu'il ne fût plus permis d'y construire de nouvelles maisons. Il ne fit pas cette défense, et c'eût été peine perdue assurément. Imitons aujourd'hui sa sagesse et ne prétendons pas arrêter le mouvement de la vie communale qui emporte notre génération comme elle a emporté celles qui nous ont précédés.

Et, c'est le dernier mot de cette étude, gardons-nous de chercher le régulateur de ce mouvement dans une opposition tracassière et impuissante ; demandons-le au développement, au point de vue administratif, des libertés communales, qui engendrent à la fois l'esprit d'initiative et le sentiment de la responsabilité. C'est ce sentiment qui sera désormais le frein le plus énergique, l'obstacle le plus puissant aux entreprises stériles et ruineuses que l'on a vues se multiplier à une époque encore récente, c'est ce sentiment qui sera le plus sûr garant du bon emploi de l'argent des contribuables ; l'Angleterre nous offre à cet égard, et d'utiles exemples et de précieux enseignements, nous aurions tort de n'en pas profiter.

Nancy, imprimerie Berger-Levrault et Cie.

www.ingramcontent.com/pod-product-compliance
Lightning Source LLC
Chambersburg PA
CBHW060508210326
41520CB00015B/4139